お金と経済のしくみがよくわかる本

会社をつくろう

③

さあ会社が
スタート！

監修 あんびるえつこ・福島美邦子

岩崎書店

はじめに

　みなさんは「会社をつくった人」と聞くと、どのような人をイメージしますか？　新しいことに敏感な人、部下にかっこよく指示する人…もしかしたら"お金持ち"なんていうイメージもあるかもしれませんね。このようなイメージは、『会社をつくろう』という本を読み進めていくと少し変わってくるのではないかと思います。

　この本は、わたしの古くからの友人である福島美邦子さんにいっしょに監修をしていただきました。福島さんは「会社をつくった人」であり、現役の社長さんです。本の中にも「ふくふくさん」として登場し、設立までの道のりや細かい知識をいろいろ教えてくださいました。ですが、福島さんはテレビドラマによく登場する"いばったカリスマ社長"という感じではありません。謙虚に、そして積極的にまわりの人の声を聞いてビジネスを展開していく、ねばり強い人です。本を読み進めていくと、会社をつくるためには、必要なモノややらなくてはいけないこと、決めなくてはいけないことが山ほどあることがわかるでしょう。でもひとりでできること、考えられることにはかぎりがあります。会社をつくるのに必要なのは、「ふくふくさん」のようなねばり強さと、そして周囲の人を大切にする心なのではないかと、わたしは感じています。

　今、日本には、およそ178万もの会社企業があります。※1ですが「AIの導入によって日本の労働人口の49%の仕事がなくなる」※2というレポートがしめすように、今後大きく社会環境が変わることはまちがいないでしょう。こうした変化のときだからこそ、みなさんのような若い力が「会社」を新しくし、世の中に活力をあたえ、よりよい社会へ導いていくのではないかと思うのです。どうぞ『会社をつくろう』3冊を通して読んでみてください。そして、主人公といっしょにいろいろな知識を得ると同時に、会社をつくるのに必要な、あきらめないねばり強さや、まわりの人の声に耳をかたむける心を養ってくれることを願っています。

あんびるえつこ

※1 総務省・経済産業省「令和3年経済センサス - 活動調査」　※2 野村総合研究所とオックスフォード大学の共同研究2015年12月

会社やお店をつくるためにやることをまとめてみたよ

どんなことをするのかな？
会社づくりマップ

スタート！

どんな会社・お店をつくりたいか考える

会社とはなにか考えてみる

理念や名前を決める

会社を始めるために必要な費用をおおまかに計算してみる

1巻はここまで

事業計画書をつくる

会社をつくるスケジュールを考える

資本金を集める

活動を広く知らせる

お店や会社に必要な人材を集める

お店の価格戦略を考える

会社を設立する

会社はつくったら終わりじゃないよ。会社をつづけるためにはどうしたらいいか考えよう

はたらく人をやとうための費用や労働環境を考える

お客をよぶ方法を考える

売り上げ目標を決める

2巻はここまで

売り上げをまとめる

税金をおさめる

もうけたお金を活用する

も く じ

1章

お店にお客さんをよぼう!

もうすぐ夏休み
終わっちゃうね〜
今年はいそがしかった〜

うん
でも会社の登記もしたし
税務署にも行けたし…

ふ〜

お母さんに資格とってもらえて
助かっちゃった

食品衛生責任者

防火管理者

ほんとだね!

保健所の
許可申請も…

大変だった〜

あっはっは!
ふたりとも
よくがんばったね

わたしたちだけじゃ
絶対むりでした〜

ほんとによくがんばったわ
でも、まだやることが
残っているわよ

はい!

9月の連休に、カフェの
プレオープンをするんだよね

そうなんです…でも
何から手をつけていいか…

まずは思いついたことを
書き出してみたら?

それもそうですね!
ええと、近所の人に
来てもらいたいから…

たくさんのお客さんに来てもらうには

まっち！お茶カフェのオープンが近づいてきました。お客さんをたくさんよぶために、1年間の計画を立て、お知らせの方法や宣伝方法を考えましょう。

● 1年間の計画を立てよう

　まずは、1年間にどんな行事があるか考えてみましょう。まっち！お茶カフェは10月に開店しますので、いちばん近い行事はハロウィーンです。その後、12月はクリスマス、1月はお正月、2月はバレンタインデー、3月はひなまつり…というように、年中行事にからめたイベントを考えていくとよいでしょう。

プレオープンでは
こんな工夫を
してみたよ！

お店の前で、通行人
向けの試飲や
クーポンを配る
サービス。

二次元コードでお友だち登録をしてもらう。

ハッシュタグ
「#まっちお茶カフェ」
をつけて、SNSに
投稿してもらおう

9月	プレオープン
10月	オープニングセレモニー オープン記念サービスデー ハロウィーン
11月	
12月	クリスマスイベント
1月	新年おめでとうキャンペーン
2月	バレンタインデーイベント
3月	ひなまつりイベント
4月	進級進学おめでとうキャンペーン
5月	こどもの日イベント
6月	
7月	七夕イベント
8月	
9月	敬老の日イベント
10月	1周年記念イベント

● お客さんをよぶ方法を考えよう

お客さんと地域の人びととの注目を集め、地域に根づいていくために、お店の魅力や来店の動機につながる情報を発信しましょう。開店のお知らせや、お客さんをよぶ方法はさまざまです。それぞれの目的と効果を考えて、自分たちに合う方法を探しましょう。

ウェブページ

「新しいお店ができるみたいだけど、どんなお店かくわしく知りたい」と思った人の多くは、ウェブ上で調べています。お客さんをよぶための情報を発信する拠点として、ウェブページをつくっておくことで、SNSと連動して活用できます。質の高いウェブページを無料でつくる方法もあるので調べてみましょう。

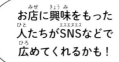

お店に興味をもった人たちがSNSなどで広めてくれるかも！

いよいよ
プレオープン

SNS アカウント

SNS は、多くの人へすばやく情報を広めることにすぐれています。スマートフォンなどで撮影した写真や動画を投稿することで、新鮮でリアルタイムな情報を発信できます。一部を除き、無料でアカウントの作成や運用ができますが、利用している人の年齢層や興味の対象などがことなりますので、お店に合った SNS を選びましょう。

ポスター・チラシ

お店が開店することを知らせるポスターやチラシをつくり、まわりのお店にはってもらえるようたのんでみましょう。

チラシは自分たちの手で配ったり、お店のまわりの家のポストに入れる「ポスティング」をしたりしましょう。お店に来てくれそうな人と直接ふれ合える機会にもなります。手で配るときは、人が多く集まる商店街や駅前など交通量の多い場所で、来てもらいたい人たちが多い時間帯を調べておこないます。

パンフレット・リーフレット

お店の情報をまとめたパンフレット（冊子のかたちになっているもの）やリーフレット（1枚の紙でできているもの）をつくり、興味をもってくれた人にわたしたり、まわりのお店に置かせてもらったりするとよいでしょう。

タウン誌・フリーペーパー

近所に新しいお店ができるといった情報を気にする人は多く、そうした人たちがよく目を通す地元の情報に特化した情報誌やフリーペーパーにも連絡をしてみましょう。無料で取材記事を書いてもらえる場合もあり、比較的安い値段で広告をのせてもらえることもあります。

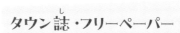

ウェブメディアなどに向けたプレスリリース（PR）をつくってメールで送るのもおすすめよ

何度も来てもらうために

一度来店したお客さんが、お店を気に入り、今後も来てくれるとうれしいですね。何度も来てくれるお客さんは、お店の経営の安定化につながるうえ、周囲にお店の紹介をしてくれて新規のお客さんを連れてきてくれることもあります。お客さんに何度も来てもらうためにどんな工夫をしたらよいか考えましょう。

● 何度も行きたいお店は、どんなお店？

自分が何度も行くお店はどんなお店か考えてみましょう。好きなメニューがある、値段が高すぎない、家や習い事で行く場所の近くにある、店員さんがやさしいなど、さまざまな理由があるはずです。それらをもとにして、自分たちのお店ではどのようなサービスをすればよいか考えます。

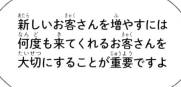

食べ物や飲み物がおいしいこと

新しいお客さんを増やすには何度も来てくれるお客さんを大切にすることが重要ですよ

店員さんの接客がよかったお店は、また行きたくなる！

お店がきれいにそうじされていて清潔感があってふんいきがいいと何度も行きたくなるよね

こだわりのオリジナルメニューがあるお店もいいよね

SNSでフォローしているお店とか…

お店からはがきやクーポンがとどくといいかも！

おもしろそうなイベントがあると行ってみたくなるかな

● リピート客を増やすためのアイデア

お店の店員の接客、メニューといった「お店の人がおこなうサービス」以外で、お客さんがお店に何度も来たくなるきっかけづくりを考えてみましょう。ほかのお店に行ったときなどに、そのお店ではどんなことをしているか調べてみると参考になります。

お客さまアンケート・ご意見箱

お客さんが何度も来たくなるお店にするためには、お客さんの好みを知ることが大切です。どうしてこのお店に来ようと思ったのか、どんな食べ物が好きか、この店のいいところはどんなところだと思うかなど、アンケート用紙を用意して書いてもらいます。アンケートを回収するご意見箱もあるといいですね。

前売り回数券

5杯分の値段で6杯分のチケット

たとえば「ドリンク6杯分のチケットを5杯分の値段で買える」といった前売り回数券を販売します。お客さんにとっても1杯あたりお得な価格で楽しむことができるうえに、有効期間をもうけておくと、期間内に来ようという意識が生まれます。

ポイントカード

お店に来ると1つスタンプを押し、一定数集めるとサービスを受けられるポイントカードは、お客さんが何度も来るきっかけになります。

ウェブページ・SNS

お客さんとつながり、関心をもってもらいつづけるために、新メニューや限定メニュー、イベントの告知、日々のできごとなどを中心に投稿をして、ウェブページやSNSを更新しましょう。お客さんのコメントに返信するなどコミュニケーションをとり、お客さんとよい関係を築いていきましょう。

お店に来てくれたときにお友だち登録をしてもらい、特典として、リピート客限定のクーポンやサービス情報を発信します。季節限定、雨の日限定、平日限定など、さまざまな限定サービスを考えてみましょう。

お客さんどうしのコミュニティづくり

お客さんと仲よくなって、スポーツ同好会や趣味のサークル、地域の活動などに参加している人たちが集まれる行事やイベントを企画してみましょう。

お客さんに何度も来てもらえるようにこんなことに気をつけるといいよ

- お客さんの声をきこう
- 定期的に来てもらう工夫をしよう
- 限定・特別を感じてもらおう
- 安さやお得感だけにたよらないようにしよう
- お客さんとつながるコミュニティも大切

売り上げ目標を決めよう

お店を運営していくにあたって、どれくらいの売り上げがあれば目標とする利益を達成できるのか、売り上げと費用の関係を考えます。アヤたちが1年間の売り上げ目標を立てるようすを見てみましょう。

● 赤字・黒字ってなに？

　商売をするうえで、売り上げと経費(固定費と変動費)がちょうどつり合って、利益が0円になるところを「損益分岐点」といいます。売り上げが損益分岐点をこえれば黒字(利益が出ること)、損益分岐点に達しなければ赤字(損失が出ること)となります。

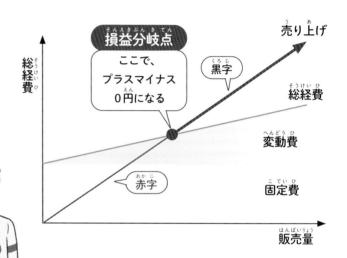

損益分岐点

ここで、
プラスマイナス
0円になる

黒字

総経費

変動費

赤字

固定費

総経費

売り上げ

販売量

販売するためにかかる費用と
売り上げの金額が同じになれば
プラスマイナス0円ということだね

まっち！お茶カフェの経費は固定費と変動費を合わせて
75万円になるはずだから、75万円以上売り上げれば
その分が利益になるわけね

まっち！お茶カフェの固定費と変動費

固定費 40万円	+	変動費 35万円	=	75万円

家賃・正社員の人件費など

材料費・光熱費・アルバイトの人件費など

● 月に75万円の売り上げを出すには

アヤたちは、1か月にどれくらいのお客さんが来るか計算したときに(→1巻 P37)、約2400人という予測を立てました。この人数をもとに、お客さんひとりがどれくらいのお金を使うかという「客単価」を計算します。

| 1か月で75万円の売り上げ | ÷ | 2400人 | ＝ | 312.5円 |

でも、1か月に2400人も来ないかもしれないね…

お客さんひとりが320円くらいお金を使ってくれればいいんだね

200円の
お茶

＋

300円の
ホットドッグ

それなら、こういうセットをつくったらどうかな？

| 1か月で75万円の売り上げ | ÷ | 500円のセット | ＝ | 1500セット |

1週6日の営業で
1か月を4週間とすると
1か月の営業日は24日…

1500セット÷24日＝62.5だから
1日にこのセットが62〜63セット
注文されればいいんだね

セットの価格を600円にすると
1500セット売れたら90万円になるわね。
そうすると15万円の黒字が出るわよ

売り上げをまとめてみよう

アヤたちがお店を開店して1か月たち、売り上げをまとめています。予測と実際の費用を比べてみて、どのようなちがいがあったでしょうか。また、1年後の売り上げはどうなるでしょうか。

● 固定費と変動費はどうだった？

開店して1か月後、10月分の費用を計算してみました。固定費と変動費はどのようになったでしょう。思ったよりも光熱費がかかった、消耗品が多かったなど、予測と実際ではちがっていることもあります。

しかし、来月は変動費が少なくなったり、売り上げが予想より多くなったりするかもしれません。お店をつづけていくうちに解消できることも多いのです。

10月分の固定費	
家賃	10,000円
人件費(社員2名)	390,000円
合計	400,000円

固定費は予定通り

10月分の変動費	
11月分の材料費・消耗品	200,000円
10月分の人件費(アルバイト2名)	200,000円
10月分の光熱費	50,000円
合計	450,000円

変動費は予測より10万円多くかかった

材料費や消耗品を多めに買ったから変動費が増えちゃった

消耗品は、残ったら来月も使えるから来月の変動費がへるかもしれないよ

● 1年間の売り上げをまとめてみよう

　会社を設立してから1年後、アヤたちは決算のために売り上げをまとめることになりました。設立後、お店が開店するまでの3か月間は売り上げがありません。この期間にかかった費用は資本金から支払ってきたので、お店が開店した10月からの売り上げをまとめます。

> 12月と5月はクリスマスイベントや連休でお客さんがおおぜい来たから売り上げも多かったけど変動費も増えたんだよね

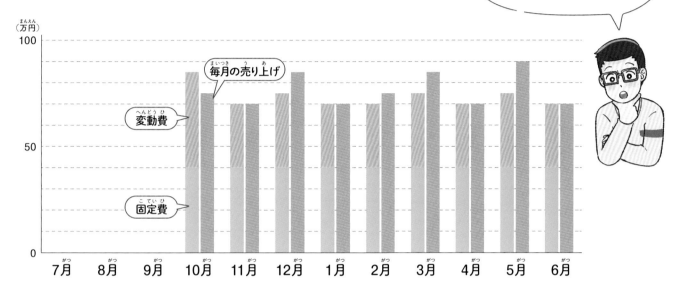

● 損益表にまとめてみよう

　損益表とは、一定期間(事業年度)の会社の売り上げ、固定費・変動費、利益(または損失)を把握するための一覧表です。会社の経営状況を判断するために使われ、決算書類の中でもとくに重要とされています。

	7月	8月	9月	10月	11月	12月	1月	2月	3月	4月	5月	6月	1年間
売り上げ	0円	0円	0円	75万円	70万円	85万円	70万円	75万円	85万円	70万円	90万円	70万円	690万円
固定費	0円	0円	0円	40万円	40万円	40万円	40万円	40万円	40万円	40万円	40万円	40万円	360万円
変動費	0円	0円	0円	45万円	30万円	35万円	30万円	30万円	35万円	30万円	35万円	30万円	300万円
利益	0円	0円	0円	-10万円	0円	10万円	0円	5万円	10万円	0円	15万円	0円	30万円

> 損失が出た月(赤字)があっても、ほかの月で利益が出ていて最終的に利益が出ていれば大丈夫です
> この利益をもとに、税額(→P22)が決まります

> 1年間で30万円の利益

資金ぐりを考えよう

お店や会社を始めたあとは、お金のなやみが増えていきます。事業が思うように進まないことや、売り上げが不安定なこともよくあります。資金不足にならないように気をつけないといけないのです。

● いつも同じ状況とはかぎらない

社会の状況は、いつも同じとはかぎりません。天候や感染症の流行などでお客さんの数が急激にへることもあります。経済状況の変化で、ものの値段が急に上がることもあります。さまざまな変化があっても乗り越えていけるよう、つねに世の中の動きと会社のお金の流れに気を配ることが大切です。

売り上げを不安定にさせる要素はたくさんあるよ。そういうときにこまらないように、会社のお金の流れを把握しておくことが大切なんだ

天候によって客数が変わる

猛暑や大雪、台風など、天気が悪い日には外出する人がへってしまいます。お店へ行こうと思っている日の天気が悪かったら、行くのをやめてしまう人もいます。

感染症が流行する

季節性の感染症が流行している、新しい感染症が流行しているといった理由で、社会全体で外出する人がへって、お客さんがへってしまうこともあります。

ゴホゴホ

仕入れ値が上がる

天候不順、経済状況の変化などが原因で仕入れ値が上がり、材料費が増えることもあります。材料費が上がることで、全体の売り上げがへってしまいます。

1か月前は100円だったのに…

キャベツ300円

アルバイトが急にやめる

なんらかの事情で、アルバイトが急にやめてしまうこともあります。お店の仕事が回らなくなり、結果的に売り上げがへってしまいます。

ええ…

すみません

● 2年目の予測をしてみよう

1年目の結果から、2年目の予測をしてみましょう。1年目の損益表をもとにして「資金ぐり表」をつくります。1年目に費用が多くかかった原因を考え、対策を練りましょう。

	7月 (予定)	8月 (予定)	9月 (予定)	10月 (予定)	11月 (予定)	12月 (予定)	1月 (予定)	2月 (予定)	3月 (予定)	4月 (予定)	5月 (予定)	6月 (予定)	1年間 (予定)
売り上げ	80万円	85万円	80万円	90万円	80万円	90万円	75万円	75万円	85万円	80万円	90万円	75万円	985万円
固定費	45万円	45万円	45万円	45万円	45万円	45万円	45万円	45万円	45万円	45万円	45万円	45万円	540万円
変動費	40万円	45万円	30万円	40万円	30万円	35万円	30万円	30万円	35万円	30万円	35万円	30万円	410万円
利益	-5万円	-5万円	5万円	5万円	5万円	10万円	0円	0円	5万円	5万円	10万円	0円	35万円

1年目は家賃を安くしてもらっていたけど2年目はちゃんと払いたいから固定費を増やしたよ

7月と8月は赤字になる可能性が高いから乗り切るためには手もとの資金がないといけないね

1年間で35万円の利益

計算上は黒字でも倒産することがある

計算上は利益が出ているのに資金ぐりがうまくいかず倒産してしまうことを「黒字倒産」といいます。会社の売り上げは、すべてがその月に入金されるとはかぎりません。2か月後に大きな額が入金される予定で、全体としては黒字でも、現在手もとにお金がなければ、材料の仕入れや人件費の支払いができなくなり、倒産してしまうのです。このような倒産をふせぐためには、融資(→2巻P18)を受ける必要もでてきます。

12月	1月	2月	3月
手もとの現金 200万円	手もとの現金 100万円	手もとの現金 0円	500万円 入金予定

毎月の支払いが100万円としたとき毎月100万円ずつ現金がへっていく

手もとの現金がなくなって支払いができなくなる

倒産

ここで入金されてもおそい…

いろいろな支払いの方法

お金を支払うときの方法は、現金で支払う以外にさまざまな方法があり、それぞれにメリットやデメリットがあります。どのような方法があるか見てみましょう。

● 現金での支払い

もっとも基本的な支払い方法です。だれでも使うことができて、自分が持っているお金をひと目で確認できるため、管理しやすいことが特徴です。機械を使わなくても支払いができるので、災害時にも使うことができます。

1120円あるよ

手もとにあるお金がいくらなのか見てわかる。

だれでも使える。

電気が止まってしまうような災害のときにも使える。

● キャッシュレス決済

お札や小銭などの現金を使わずにお金を払うことを「キャッシュレス決済」といいます。スムーズに支払いができることと、支払いの記録（履歴）が残るなどのメリットがありますが、お金が目に見えてへらない分、使いすぎに注意する必要があります。また、キャッシュレス決済にはいろいろな種類があり、支払いが発生するタイミングも「前払い」「即時払い」「後払い」とさまざまです。

プリペイドカード

あらかじめカードにお金のデータを入れておく、前払い式のキャッシュレス決済です。カードに入金した金額の範囲内で買い物ができます。買い物をした代金はカードを発行する会社を通して、1～2か月後にお店へ支払われます。

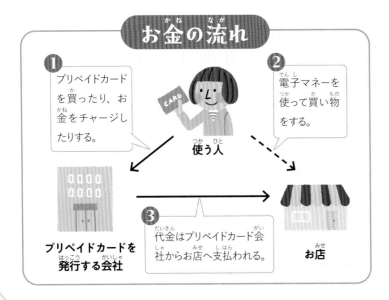

お金の流れ

① プリペイドカードを買ったり、お金をチャージしたりする。

② 電子マネーを使って買い物をする。

使う人

③ 代金はプリペイドカード会社からお店へ支払われる。

プリペイドカードを発行する会社

お店

ICカード型

カードの中のICチップにお金のデータを記録（チャージ）して使う。鉄道会社などが発行する交通系や、流通会社などが発行する流通系などがある。

サーバー型

番号が書いてあるカードを購入するなどして使う。カードの番号がサーバー上で管理されていて、ウェブサイトなどで番号を入力すると、カードを購入した金額が買い物などに使える。

磁気型

カードの磁気にお金のデータが記録されている。使い切りのため、お金をチャージすることはできない。

コード決済

スマートフォンなどにアプリを入れてお金をチャージし、バーコードや二次元コードを使って支払います。前払い、即時払い、後払いがあります。買い物をした代金はコード決済サービス会社を通して、1～2か月後にお店へ支払われます。

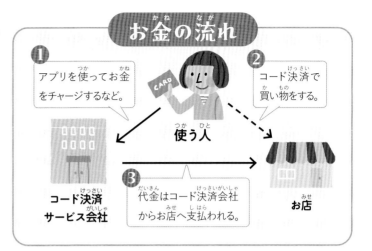

お金の流れ

① アプリを使ってお金をチャージするなど。

使う人

② コード決済で買い物をする。

コード決済サービス会社

③ 代金はコード決済会社からお店へ支払われる。

お店

デビットカード

銀行などの金融機関の口座からすぐに代金が引き落とされ、お店へ支払いができる方法です。銀行に口座をつくり、デビットカードの申しこみをすれば、15歳からつくれるカードもあります。

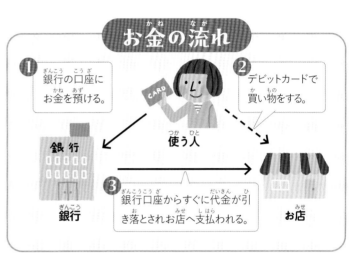

お金の流れ

① 銀行の口座にお金を預ける。

使う人

② デビットカードで買い物をする。

銀行

③ 銀行口座からすぐに代金が引き落とされお店へ支払われる。

お店

クレジットカード

後払いで買い物ができるのが特徴です。カードを申しこむときに、きちんと支払いできる能力があるか審査があり、信用できる人にだけカードが発行されます。多くの場合、高校生を除く満18歳以上の人しか申しこむことができません。毎月決まった日に、銀行の口座から使った分のお金が引き落とされます。

後払いで買い物ができるのは便利ですね

買い物をするときに口座にお金がなくても買えるので便利だけど使いすぎるとお金が返せなくなるから注意が必要ね

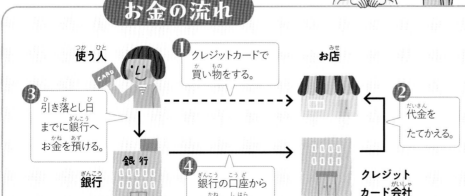

お金の流れ

使う人

① クレジットカードで買い物をする。

お店

③ 引き落とし日までに銀行へお金を預ける。

銀行

② 代金をたてかえる。

④ 銀行の口座からお金を支払う。

クレジットカード会社

分割払いや毎月一定額を支払うリボルビング払いも選べるよ。でも、手数料（利息）がついて返済金額が高くなるから気をつけよう！

2章 売り上げ目標を達成したら…

まっち・ぐー株式会社を設立して1年——

本日貸切

まっち！お茶カフェ

——みなさん

本日はお集まりいただきありがとうございます！

まっち・ぐー株式会社社長のアヤです！

昨年10月にオープンしたまっち！お茶カフェもみなさんの協力もあり

なんとか運営できています

本日は、お世話になっているみなさんにお礼がしたいと思い

ささやかなパーティーを企画しました

パチパチ

わっ

当店じまんのメニューをおめしあがりください！

アヤちゃんおつかれさま

会長さん

ありがとうございます！

売り上げ目標は達成できそう？

はい！なんとか達成できそうです

20

21

税金を申告しよう

1年間の売り上げをまとめてみたら、少し利益が出たまっち・ぐー株式会社。会社には、おさめるべき税金を申告する義務があるので、事業年度ごとに決算書をつくり、確定申告をおこないます。

● 法人税ってなに？

法人税とは、会社が商品やサービスなどの事業活動で利益をあげ、得た所得に対してかけられる税金のことです。所得が黒字になった場合は、必ずおさめなければなりません。法人税にはさまざまな種類があります。

株主総会で確定した決算にもとづいて、おさめる法人税の計算をして税務署などに申告するんですよ

株式会社がおさめるおもな法人税

税の種類	内容	税率
法人税	会社が利益をあげ所得が黒字になったときに、その利益に対して課せられる税金。 所得が赤字のときは課されない。	800万円以下 15% 800万円をこえたら 23.2%
法人事業税	会社が事業をおこなうときに利用する行政サービスの必要経費を分担するための税金。 会社の所得に対して課せられる。	都道府県ごとに変わる （東京都の場合 3.5〜7.5%）
法人住民税	会社の所在地の自治体におさめる税金。 都道府県と市区町村へそれぞれおさめる。 ・法人税割…法人税をおさめる会社だけに課せられる。 ・均等割……すべての会社がおさめる（最低7万円）。	自治体ごとに変わる
地方法人税	地方ごとの財源のかたよりをなくすための税金。	法人税額を基準として 10.3%
印紙税	印紙税法で定められた契約書や領収書（5万円以上の額のもの）といった、紙でできた文書に対しての税金。「収入印紙」を買って貼りつけることで納税したことになる。	取り引きする 金額によって変わる 200円〜15万円

● 法人税はどうやっておさめるの？

法人税は、会社の事業年度ごとにおさめます。事業年度の終了日（決算日）から2か月以内に申告しておさめる必要があります。

税務申告書をつくるのは複雑でわかりにくいことが多いので、税理士さんに相談するといいですよ

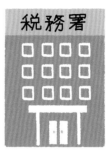

自分で計算したり、税理士に相談したりしながら、税額を出す。

期間内に税務申告書と添付書類を税務署に提出し、お金を払う。
※銀行・コンビニエンスストアなどで現金でおさめるほか、クレジットカードやインターネットを利用しておさめることもできます。

● 毎月おさめる税金もある

会社には、従業員がおさめる所得税と住民税を給与から差し引いておき（天引き）、代わりにおさめる義務があります。会社がおさめる所得税を「源泉徴収税」、住民税を「特別徴収」とよびます。このほかに、年に数回に分けておさめる労働保険などもあります。

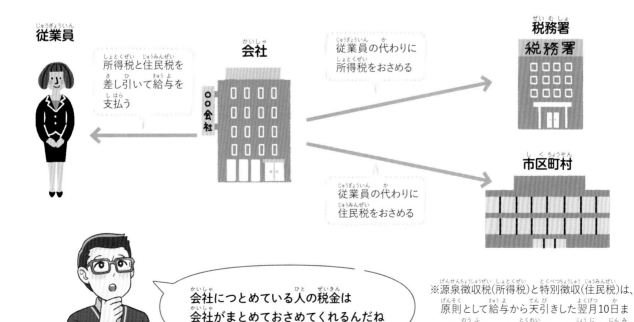

会社につとめている人の税金は会社がまとめておさめてくれるんだね

※源泉徴収税（所得税）と特別徴収（住民税）は、原則として給与から天引きした翌月10日までに納付します。特例として、常時10人未満の企業にかぎり年2回の納付に変更することができます。

消費税をおさめよう

消費税は、ふだんわたしたちがお店で買い物をしたりサービスを受けたりするときにかかる税金で、もっとも身近な税金といえます。消費税は、商品やサービスを売るお店や会社がまとめて国におさめています。

● 消費税のしくみ

消費税は、商品を買ったりサービスを受けたりした人が、代金に上乗せしてお店に支払います。お店はその消費税を集めて、税金としてまとめて国へおさめます。現在の消費税は10%ですが、食料品など一部のものは税率が低く8%になっています。これを「軽減税率」といいます。たとえば飲食店では、お店の中で食べるときは10%、持ち帰るときは8%の消費税がかかります。

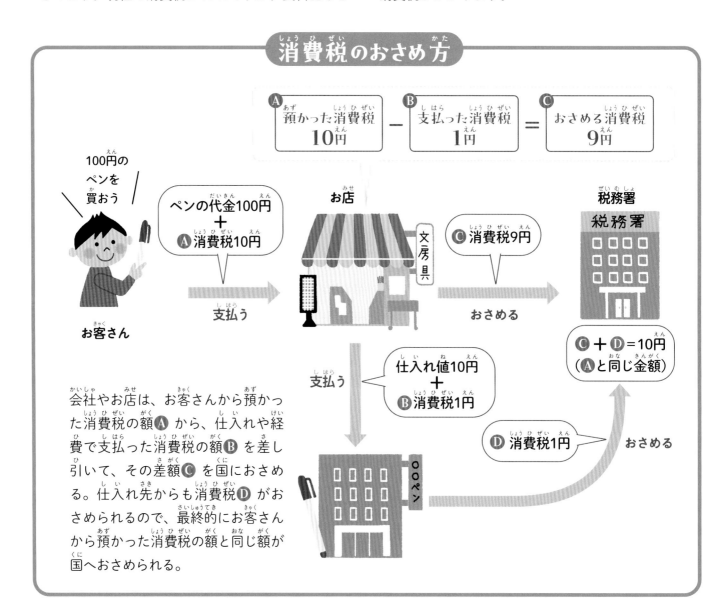

消費税のおさめ方

| A 預かった消費税 10円 | − | B 支払った消費税 1円 | = | C おさめる消費税 9円 |

100円のペンを買おう

ペンの代金100円 + A 消費税10円

支払う

お客さん

お店

文房具

C 消費税9円

おさめる

税務署

仕入れ値10円 + B 消費税1円

支払う

〇〇ペン

D 消費税1円

おさめる

C + D = 10円 （Aと同じ金額）

会社やお店は、お客さんから預かった消費税の額A から、仕入れや経費で支払った消費税の額B を差し引いて、その差額C を国におさめる。仕入れ先からも消費税D がおさめられるので、最終的にお客さんから預かった消費税の額と同じ額が国へおさめられる。

● 預かった消費税をおさめる

お客さんから預かった消費税は、事業年度ごとにまとめて国へおさめます。お客さんから預かったすべての額をおさめるのではなく、仕入れや経費で支払った消費税の分は差し引いておさめます。

飲食店の場合

お客さんから預かった消費税 70万円	ー	仕入れなどで支払った消費税 30万円	＝	おさめる消費税 40万円

仕入れ費や経費が多いと「支払った消費税」が増えるからおさめる消費税が少なくなるんだね

● 納税義務を免除される場合

会社の場合、2年前の事業年度で売り上げが1000万円以下であれば、消費税の納税義務が免除されます。また、新しく会社をつくった場合、資本金が1000万円以下であれば1期目(1年目)は消費税の納税義務が免除されます。

わたしたちの場合、資本金が1000万円以下で新しくつくった会社だから、今回の消費税はおさめなくていいんですね

そうね。でも、2年目に売り上げが1000万円をこえたら、おさめないといけないわよ

税金は何に使われているの？

わたしたちがおさめる税金は、国がおこなうさまざまな事業に使われています。そのなかで大きな割合をしめているのが社会保障費です。国民のくらしを守るための医療、介護、年金、子ども・子育て支援に使われます。また、道路や公園などの公共施設をつくったり、中小企業を支援するための費用にあてたり、教育や科学技術の発展のために使ったり、国の安全を守る防衛費や開発途上の国などを支援することにも使います。そのほか、地方の財源のかたよりをなくすための、地方交付税交付金としても使われています。

1年目の営業をふり返ってみよう

まっち・ぐー株式会社を設立して1年、アヤたちは1年目の営業についてふり返ってみることにしました。最初に立てた目標に近づけたのでしょうか。

● 町の人が集まる場所をつくれたか

まっち！お茶カフェは、商店街をにぎやかにするという目的で、さまざまな世代の人がたくさん集まれる場所をつくりたいという思いをかたちにしたお店です。1年目の営業をふり返り、理念にもとづいた営業ができていたか考えてみます。

ひとりで来るお客さんも多かったかも

理念をサービスやお店づくりに反映できていたか？

小さい子が増えたのは近くに幼稚園ができたからかも…

お店周辺の環境に変化はなかったか？

ウェブページでまめにお知らせを出せばよかったかも

ウェブページをはじめとした情報発信は適切だったか？

● むだがないか見直す

1年目を終えたところで、固定費や変動費にむだがないかもう一度見直しましょう。在庫管理は徹底できたでしょうか。仕入れ値を少しでも安くおさえることができたでしょうか。

期限が短いものを手前に置こう

在庫管理の方法を見直し、廃棄されるものをへらす。

あと10円安くできませんか？

仕入れ値を少しでも下げられないか交渉する。

ドリンクをアレンジしてみる…？

原価率の低いメニューのアレンジを考える。

● メニューを見直す

お店のメニューの中でも、よく売れたものやあまり売れなかったものがあったはずです。よく売れた理由や売れなかった原因を分析し、よくなかったところは改善していきましょう。

いちばん
売れた

クリームが
のっていてお得感
があったのかも。

よく売れた

少しおなかが
すいたときに
ちょうどいい
量だった。

よく売れた

あまいものを
少し食べたい
ときにぴったり。

あまり売れなかっ
たけど…

部活のあとに
立ち寄る学生に
は人気だった。

● 営業時間は適切か

学校があるアヤのスケジュールに合わせて、平日は夕方から、休日は朝から、と開店時間を変えていましたが、お客さんの入り具合はどうだったでしょうか。お客さんがあまり来ない時間があったり、とても混雑する時間帯があったりしたのであれば、営業時間の見直しも必要です。

塾のあとに
寄りたいから
夜9時までに
してほしい

テストなどで
早く帰る日も
あるから、平日も
早めに開店して
ほしい

お店ではたらく人を
増やせばいいのかな

● イベントを見直す

1年目は話題づくりもかねて、毎月のようにイベントやキャンペーンをおこなっていましたが、人気のなかったイベントもありました。お客さんの興味を引くイベントはどんなものか、もう一度考えてみましょう。

ほとんど毎月
イベントがあったから
めずらしくなくなって
しまったのかも

2か月に1回くらいに
してみてもいいかもね

● お店のレイアウトを見直す

お店の客席の数や使い勝手はどうだったでしょうか。お客さんがおおぜい来たときに、席があかなくて待ち時間が長くなってしまうなど、問題点があれば改善する方法を考えましょう。

席を増やせるように
予備のイスがあるといいな

子ども用の
イスがあると
いいわね

イスをふやせる
ようにするとか

27

経営者として1年目をふり返ろう

お店の売り上げや営業についてのふり返りだけでなく、経営者として自分はどうだったのか、1年目をふり返ってみましょう。従業員やお客さんのためにはたらけたでしょうか。支払いがおくれることはなかったでしょうか。アヤのふり返りを見てみましょう。

● 理念に近づけたか

「商店街をにぎやかにする」という理念のもとに営業してきたまっち！お茶カフェですが、その理念に少しでも近づけたのでしょうか。

1年前より、商店街にお客さんがもどって来ていると思う。来年は商店街のお店ともっと協力してお客さんをよびたいな！

● はたらく人が元気にはたらけたか

お店ではたらくアルバイトの人たちがつかれすぎてしまったり、急にやめてしまったりすることはなかったのでしょうか。お店や会社の経理を引き受けているお母さんは、元気ではたらくことができたのでしょうか。

アルバイトの人もお母さんも、ときどきかぜをひくことはあったけど、大きなけがや病気もなく元気だったよ。健康診断も受けたしね

● いろいろな世代の人に来てもらえたか

アヤたちは「さまざまな世代の人に来てもらう」という目標もかかげていました。ねらい通りのお客さんが来てくれたのでしょうか。

子どもからお年寄りまで、たくさんの人が来てくれたよ！おかげで、時間帯によって来る人の年代が変わることがわかったよ

● 地域と連携できたか

地域のイベントに参加するなど、地域との交流ははかれたのでしょうか。将来的には、地域の産業の発展にも貢献できるようになるといいですね。

町のお祭りに出店してみたかったんだけど…

自分たちのお店を営業するだけで手いっぱいだったよね

● お金の支払いがおくれたことはなかったか

食材の仕入れ先への支払いがおくれたり、光熱費の支払いを滞納してしまったことはなかったでしょうか。運転資金は不足しなかったのでしょうか。

最初のころは仕入れる量が予測できなかったり、売り上げが赤字になったりしたけど、支払いがおくれたことはなかったよ！

● こまったことや失敗したことはなかったか

お店を1年間運営してきたなかで、こまったことや失敗したこともあったはずです。どのようなことがあったのか思い出してみましょう。

ほかにもいろいろあったけど大きなことはこれくらいかな

失敗も経験のうち！次の機会に生かしていけばいいのよ

こんなことがこまった！失敗した！

・急にアルバイトの人が休んだ

・仕入れた材料の数がちがっていた

・最初のころ、メニューを出すのに時間がかかった

・テスト前や部活の都合で、アヤがお店に行けない日があった

・子ども連れの団体客が来てとてもにぎやかだったとき、ほかのお客さんから注意された

お金を出してくれた人に報告しよう

株式会社では、事業年度ごとに株主総会を開くことが義務づけられています。会社の株式を持っている人は、株主総会に出席して会社の経営に対して意見を言ったり、議案の決議に参加したりできます。また、クラウドファンディングで支援してくれた人たちにも、1年間の報告をするとよいですね。

● 株主総会とは

会社の株式を持っている株主が集まって、会社に関する意思決定をおこなうため、議案について話し合ったり決議をしたりする場が株主総会です。株主総会は、株式会社における最高意思決定機関で、事業年度終了後の一定期間以内（3か月以内など）に開くことが義務づけられています。

株主総会のようす

株主による決議が必要な報告や議案を読み上げる。

取締役　**取締役**

代表取締役　議長として株主総会を進行する。

取締役

株主

報告や議案に対して質問や意見を言う。その後、決議をおこなう。

株主の出席は義務ではないけれど
出席した株主のみで決議がおこなわれるので
決議に参加したい人は出席したほうがいいわね

● 株主総会の内容

株主総会では、会社の決まりである定款を変更するといった会社運営においての重要事項や、役員の選出、会社の業績などが報告されたり議案として提案されたりします。株主はそれらの報告や議案に対して質問したり、意見を言ったりすることができ、決議に参加して会社の意思を決定します。

会社運営上の重要事項

定款に変更がある、事業をだれかにゆずりわたす、ほかの会社と合併して組織を再編するなど、会社を運営するにあたっての重要なことが報告される。

〇〇社と
合併します

役員を選ぶ・やめさせる

取締役などの役員を選んだり、解任させたりするときには、株主総会での決議が必要になる。また、役員報酬の金額も、株主総会で承認してもらう。

新しく選ばれる　役員　役員をやめる

会社の業績

業績が悪くて株式の配当金を出せない、業績がよかったので配当金を出すなど、株主にとって重要なことが報告される。

配当金を
出します

やった！

決議の方法はいろいろありますが株主の過半数または3分の2以上の賛成や承認で決定されることが多いです

ぶんぶくさん　ポイント

※当日に出席できなくても、「委任状」を出して代理人を立て、決議に参加することもできます。

まっち・ぐー株式会社は役員と株主が同じだけどお母さんとふたりで株主総会を開いたよ！1年目の決算についての報告や役員報酬を出すかどうかを話し合ったんだ

クラウドファンディングで支援してくれた人たちにもこれからのまっち・ぐー株式会社のようすを報告していこうと思います

未来のためにお金を使う投資

投資ってよく聞きますが
お金を増やすために
するんですか？

お金が増えるということも
投資をする人にとっては魅力だけど
投資には、資金を必要とする人を
応援するという社会的な意義があるの

● 投資ってなに？

将来成長しそうな株式や投資信託にお金を長期的に投じることを「投資」といい、自分のお金を運用するためにおこないます。お金を運用することで利益や損失が出ることを「リターン」といい、その振れ幅の大きさを「リスク」といいます。

投資のリスクやリターンの大きさはさまざまで、ロ

ーリスク（リスクが低い）といわれるものは、期待できる利益が少ない代わりに、損失も少ないと考えられます。反対に、ハイリスク（リスクが高い）といわれるものは、大きな利益が期待できるいっぽう、大きな損失が出る可能性もあります。

● 投資先はさまざま

投資をするために買ったり売ったりするものを「金融商品」といいます。金融商品には、株式、債券、投資信託などがあり、それぞれに特徴があります。よく比べて考えて、自分に合った投資先を選びましょう。

株式投資

株式会社が発行し、証券取引所(株式や投資信託を取り引きする場所)に上場(株式や証券を取り引きできるようにすること)している株式を株式市場で売り買いして、その差額でお金を増やす方法です。株式を買ったときより株価が値上がりしていれば、その分の利益を得ることができます。しかし株価が値下がりしたり、発行者が破たんしたりすると、損をする可能性があります。

株式投資をすると、配当金や
株主優待（→P37）を受け取
れる場合があります

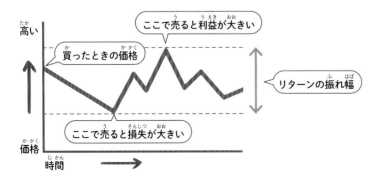

ここで売ると利益が大きい

買ったときの価格

リターンの振れ幅

ここで売ると損失が大きい

高い

価格

時間

価格がいちばん高くなるときを
待って売ると利益が大きくなるけれど、
いちばん安いときに売ったら
損失が大きくなってしまうよ

債券

債券は、国や地方公共団体、企業などが資金を調達するために発行し、あらかじめ決められた期間を終えると額面金額が払いもどされます。多くの債券は定期的に利息がもらえます。また、期間内に売ることもでき、債券の価格が上がっていればその分が利益になりますが、下がっていると損をしてしまいます。また、発行もとが破たんした場合、お金がもどってこないこともあります。

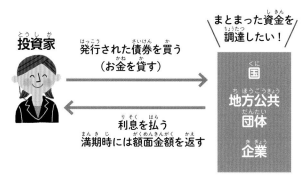

まとまった資金を調達したい！

投資家

発行された債券を買う
（お金を貸す）

国
地方公共団体
企業

利息を払う
満期時には額面金額を返す

投資信託

投資信託は、投資家から集めたお金をまとめて資金として、専門家が投資して運用することです。利益が出たら、投資した割合に応じて投資家へ分配されます。運用に失敗したら、投資家は損をしてしまいます。

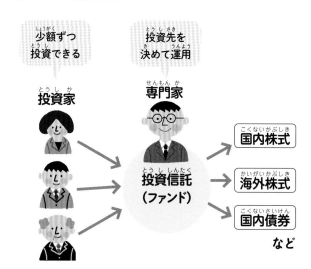

少額ずつ投資できる

投資先を決めて運用

投資家

専門家

投資信託（ファンド）

国内株式

海外株式

国内債券

など

● 投資で会社を応援する

　環境問題や社会問題に取り組んでいたり、新しい技術を開発したりといった、未来につながる事業をおこなっている会社に投資することによって、よりよい社会を築いていくことにつながります。

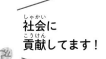

社会に貢献してます！

この会社を応援したいな

わたしも投資してみたくなりました。
でも、投資は子どもでもできるんですか？

親の取引口座があれば
親の同意書や住民票などの
書類を提出することで、
子どもでも投資をするための
口座をつくることができるよ。
投資には損をするリスクもあるから
始めるときはおうちの人に
相談してからにしてくださいね

1年目の利益は30万円だったね

これを何にどうやって使うか…

あのね やってみたいことがあるんだ

どんなこと？

お店だけじゃなくて商店街全体のために使いたいの

また大きく出たな〜

わたしたちの目標を思い出してみてよ！

商店街をにぎやかにしたい！

でしょ？だからね…

企画ノート

スッ！

ひそひそ…

へー！おもしろそう！

でしょー!?

明日、お店が休みだから会長さんに相談しようと思ってさ〜

いいね〜行こう行こう！

次の日

会長さーん!!

びくっ

わっ!

びっくりした!

ふたりとも
どうしたの?

会長さんに
相談がありまして!

まっち!お茶カフェを
1年やって、少し
利益が出たんですよ

それを使って
商店街とコラボ
したいんです

コラボ!?

商店街のお店に
協力してもらって
スタンプラリーを
やりたいんです!

商店街
スタンプラリー

START

3

5

15

10

こういうの!

お店を回って
500円以上
買い物したら
スタンプが
もらえて

スタンプがたまったら
賞品がもらえるんです

こんな賞品を
考えてみました!

ふたりとも
よく考えたね〜

スタンプ3こ	スタンプ5こ	スタンプ10こ	スタンプ15こ
だがし屋さんの おかし1こ	ケーキ屋さんの マドレーヌ1こ	雑貨屋さんの ミニポーチ	喫茶こだわりの コーヒー1杯

この1年で商店街も
少しにぎやかになったと
思うんですが

もっとたくさんの人に
来てもらいたいんです!

お茶
カフェ
にも!

ふん
ふん

よし、じゃあさっそく
商店会の会議で
提案してみるよ

お願いします!!

もうけたお金を活用しよう

アヤたちは1年目の事業年度を終え、少し利益を得ました。会社で得た利益は、会社のために使ってもよいですし、社会のために使ってもよいでしょう。自分たちが今後どのようになりたいか考えながら、使い道をさぐっていきましょう。

● 会社の利益の使い道

会社が得た利益は、会社や社員、そして社会に役立つように使っていきたいものです。どのような使い道があるのか見てみましょう。

社員へ還元する

社員の給与を増やす、臨時の賞与を出す、社員旅行へ行くといった、社員のやる気がアップすることに使う。社員のやる気がアップすることで、仕事がスムーズに進んだり、新しい企画を思いついたりする可能性が高まる。

会社の成長のために使う

会社の運営に必要な機材や、お店の設備を新しくする。よい設備を導入することで、人件費や光熱費などの削減につながる。また、研究開発や新しい業種へ挑戦するなど、新規事業のために使うこともできる。

新しいパソコンや調理器具などを購入しよう

グッズもつくろうかな

新しい事業を企画し、研究開発のために使おう

株主へ還元する

会社に出資してささえてくれている株主に、株式の配当金を出すこともできます。

配当

社会のために使うというのであればこまっている人びとへの寄付を考えてもよいですね。寄付金は経費として認められるものもあるので会社にとってもメリットがあります

●まっち！お茶カフェでは何ができる？

アヤたちのまっち！お茶カフェでは、利益を使ってどんなことができるでしょうか。お客さんや地元のために、よりよいお店に成長するためにできることを考えます。

お店そのものを
よりよくするために
できることを考えたよ

新しいメニューの開発

ずっと同じメニューを出すだけでは、お店は長つづきしません。より魅力的なメニューを提供することで、お客さんに満足してもらうことができるでしょう。

客席を増やす

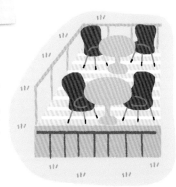

たとえば庭にテラス席をつくるなど、客席を増やすこともできます。客席数が増えれば、一度にお店に入れるお客さんの数が増え、混雑時の待ち時間も短くなります。

テイクアウトを始める

一部のメニューをテイクアウト可能にすると、売り上げを増やすことにつながります。ただし、テイクアウト用の容器などの消耗品にあてる費用も増えるので注意しましょう。

アルバイトを増やす

いそがしい時間帯だけアルバイトを増やすという方法もあります。人手が増えれば、メニューを出す時間が短縮され、お客さんを待たせずにすみます。

株主優待ってなに？

株主優待とは、自分の会社の株式を買ってくれた株主へ、自分の会社の商品をはじめ、さまざまなサービスをプレゼントする制度です。自分の会社の商品やサービスをおくることで、その商品をよく知ってもらうチャンスとなります。企業によっては、限定品のおもちゃや防災用品、スポーツ大会への参加権など、株主の興味をひく株主優待を用意しています。

まっち・ぐー株式会社の
株主優待をおくるとしたら、
どんなものがいいか
考えてみたよ！

→ 地元のお茶
100杯分プレゼント

→ 伝統的な茶摘み体験と
日帰り温泉

→ 商店街の
ふくびき50回分

地域との協力を進めよう

まっち！お茶カフェを始めるときの目標が「商店街をにぎやかにしたい」でした。そのためには、地域との協力がかかせません。地域でおこなわれる大規模なイベントに参加するなどして、おたがいに協力していくことが大切です。

● 地元と共同でイベントを企画

商店会、町内会、自治体などと協力して、スタンプラリーやマルシェといった大規模なイベントを企画してもよいでしょう。イベントめあてにお客さんが増え、来たお客さんに地域やお店を宣伝してもらうことができるので、大きなメリットが期待できます。

スタンプラリー

お店やおすすめスポットをめぐるスタンプラリーは、地域全体の活性化につながります。イベントに集まるお客さんたちに、お店の魅力や地域の産業をアピールする機会になります。

イベントに合わせて、コラボグッズを開発してもよい。限定品にひかれておとずれるお客さんが期待できる。

職業体験・ワークショップ

農業や伝統産業など、その土地ではたらいている人びとの仕事を体験してもらうことで、地域の魅力を伝えることができます。アーティストや職人と協力して、ワークショップを開いてもよいでしょう。ワークショップの会場としてお店のスペースを貸し出すことで、お店を知ってもらうこともできます。

マルシェ

マルシェとはフランス語で「市場」のことで、生産者から直接、その地域ならではの特産品を買うことができます。生産者はお客さんに直接自分がつくったものを売りこむことができ、お客さんは「顔の見える相手」から買うことで安心感を得ることができます。新鮮な食材だけでなく、地元でつくられている雑貨や、イベント限定の料理などを販売することで、相乗効果が期待できます。

なぞときイベントやギネス世界記録に挑戦などもやってみたいな

イベントに来た人だけがもらえる、無料の特典があるといいかもしれないね

● お店のスペースを貸し出す

カフェの営業がない平日の午前中や定休日に、曜日や時間限定でレンタルスペースとして貸し出すこともできます。フリーマーケットや勉強会の会場として貸し出すと、参加した人が新しいお客さんになってくれるかもしれません。

朝市やフリーマーケット

地元の生産者が農作物などを持ちよって販売する朝市や、近所の人などが開催するフリーマーケットやバザーの会場として貸し出す。

教室・勉強会・セミナー

地元の趣味のサークル・学びの活動や、学生などが開く勉強会やセミナーの会場として貸し出す。

午前中だけ別の店に

平日の午前中はそばやさん

自分のお店を出そうと計画中の料理人などに、曜日や時間限定のお店を出すために貸し出す。

● 地域でおこなわれるイベントに参加する

地元のお祭りや学校の文化祭、自治体がおこなうイベントに出店してみるのもよいでしょう。主催者やほかの参加者と知り合うことで、新しい人脈が広がることにつながります。また、お店の経営についてのアドバイスももらえるかもしれません。

地元のお祭りに出店

たこやき

まち・お茶カフェ

商店街や子ども会のお祭りに出店すると、ほかのお店の経営者や地元の人たちにお店のことを知ってもらうよい機会になる。

学校の文化祭に出店

まち・お茶カフェ

地域にある高校や大学の文化祭に出店してみると、起業をめざしている人と知り合える可能性がある。

1年目はイベントに出店できなかったから、2年目は挑戦してみたいな！

会社を通して社会問題に取り組もう

そういえば…編集長さんはどうして「まち・コミ！」をつくろうと思ったんですか？

この町やお店のみなさんがじつはさまざまなかたちで社会問題に取り組んでいると知ってそれを紹介したかったからなの

●身近にある社会問題に取り組む

わたしたちのまわりには、少子高齢化、空き家の増加、ごみや海洋プラスチックの問題、貧困、フードロスなど、さまざまな社会問題があります。これらの問題の解決をめざし、持続可能な社会をつくるために、会社としてはどのような取り組みができるか考えてみましょう。

捨てられる食品をへらす

お店で注文した食べ物が食べきれなかったら持ち帰りにする、食材の在庫管理を徹底して消費期限切れでの廃棄をなくすなど、捨てられる食品をへらすことで、資源の節約や、ごみを処分するときに出る二酸化炭素をへらすことにつながります。

はたらく場所をつくる

会社の社会的な役割のひとつに、雇用を生み出すことがあります。お店や会社で直接はたらくだけでなく、はなれた場所にすむ人とリモートでつないで仕事をしてもらうこともできます。

まっち！お茶カフェでやってきたことが社会問題への取り組みに結びついていたんだね

地域の活性化

商店街の空き店舗を利用して情報発信基地をつくるなど、地域の人びとと協力して、まちづくりの計画や運営に参加するのもよいでしょう。買いに出るのがむずかしい高齢者などに宅配サービスや移動手段の提案をすることで、地域の活性化につながります。

この町の人たちの社会問題への取り組みを紹介します

知らなかった！こんなにいろいろなことをやってたんだ！

子ども食堂を開き子どもたちの健康を守る

商店会の会長さんは、週に2回、自分が経営する定食屋で「子ども食堂」を開いています。子ども食堂は無料またはとても安い値段で食事を提供し、子どもたちの健康を守る取り組みです。定食屋であまった食材を利用しているので、フードロス対策にもなっています。

「家庭でだれかと食事をすることがむずかしい子どもだけでなく、ひとりぐらしの高齢者や学生など、さまざまな人に来てもらいたいですね」

昔の遊びを通して地域の歴史・文化を伝える

だがし屋さんのお店の一部を開放して、地元の子どもたちにベーゴマの遊び方や、凧のつくり方を教えています。地域の人びとによびかけて、商店街の清掃などもおこなっています。

「子どもをはじめ、みんなが元気ですごせる町になってほしいですね。お祭りや催しものなどの文化を継承することで、インバウンド（外国人観光客）をよぶことができるかもしれませんね」

地元の木材を使って地産地消の家づくり

ふくふくさんの会社では、家づくりのときに地元の木材を積極的に使っています。地元の材料を使うことで、運送にかかる燃料の節約になり、排出される二酸化炭素をへらすことにもつながります。

「地産地消というのは食材だけではないんですよ。地元の木材や家具などを使うことで、地元の産業を守ることにもつながるんです」

フェアトレードのコーヒーを使う

喫茶こだわりのコーヒーは、フェアトレードのコーヒー豆を使っています。開発途上国の人たちへ適正な賃金を支払うことで、安定した生産が期待できるようになります。

「産地の人たちがいっしょうけんめい育てたコーヒー豆を、おいしいコーヒーにしてみなさんに飲んでいただきたいです。こだわりのコーヒーをぜひ飲みに来てください！」

まっち！お茶カフェでもいろいろな社会問題の解決につながるような取り組みをつづけていきたいです

そうだね、そのためには社会のために自分ができることは何かいつも考えるようにするといいよ

会社をつづけていくために

アヤたちは、これからもずっと会社やお店をつづけていくためには、多くのお客さんに来てもらったり、地域と協力していくことが大切だとわかりました。そのためには、会社を経営する側がどのような努力をしていけばよいのでしょうか。

●会社をつづけていけなくなるとき

売り上げがのびず、取引先への支払いができなくなってしまうと、会社をつづけていけなくなり、倒産してしまいます。会社の業績が悪くなる原因はさまざまですが、そのひとつに、会社を始めたときにもっていた理念をわすれてしまうことがあげられます。アヤたちは「商店街をにぎやかにしたい」「さまざまな世代の人に楽しんでもらいたい」という気持ちで始めたはずなのに、いつの間にかその理念をわすれてしまったらどうなってしまうのでしょう。

理念をわすれてしまうと…

あそこの会社はたいしたことないね！

ほかの会社の批判ばかりで、自分の会社をよりよくしようとしない。

もっとはたらけ〜
でも時給は上げないぞ〜

従業員をこきつかう。

赤字つづきだけどそのうちなんとかなるでしょ

問題を先送りする、見てみぬふりをする。

地元のものじゃなくてもいい、安く仕入れて高く売ろう…

よそのお茶

目先の利益にばかりとらわれ、商品やサービスの質を下げる。

わたしのお店よ！どんどん食べて！

会社を私物化し、公私混同してしまう。

少しでも油断するとよい経営者ではなくなってしまうのよ

こんな経営者にならないようにしなくっちゃ…

●会社をずっとつづけていくには

これからもずっと会社をつづけていくには、その会社ではたらく人たちだけでなく、地域の人たちにとっても「よい会社」であるほうがよろこばれます。はたらく人のことやお客さんの立場でものを考え、時代の変化にも柔軟に対応していくことで、社会に受け入れられ、会社を成長させていくことができるでしょう。

はたらきやすい環境づくり

会社やお店ではたらく人が、健康で楽しく仕事ができるように気を配ります。社会保険や福利厚生を充実させ、子育てで出社がむずかしい人やシニア世代の人、副業としてはたらきたい人などに対応したさまざまなはたらき方を取り入れましょう。

テレワークを活用する。

お客さんの意見を生かす

お客さんがお店や会社にどんなことを求めているか、社会から求められているのはどんなことかを研究し、新しい商品やサービスを開発したり、改善したりする努力をしていきましょう。

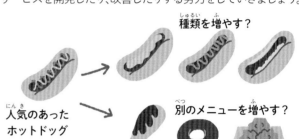

種類を増やす？

人気のあった
ホットドッグ

別のメニューを増やす？

お客さんが求めているのは
どっちだろう？

地域の発展に協力する

自分の会社だけでなく、地域全体が発展していくことが大切です。地域の人びとと交流をしたり、地元の材料を仕入れたりして、地域の産業の発展に貢献しましょう。

地元を元気にする
みんながわらってすごせるくらし

わが社の
ビジョンは
これだ!!

社会をよくしたいと意識する

さまざまな環境問題や社会問題に目を向ける。たとえば道のごみ拾いや草取りをするといった小さなことでもよいので、社会をよくしたいという意識をもって取り組みましょう。

会社ではたらく人にとっても
まわりの人たちにとっても
「よい会社」であってほしいんだ

自分が社会の一員だ
という意識をもつことが
大切なんですね

●みんなが考える「よい会社」とは

　まっち・ぐー株式会社が「よい会社」としてつづいていくためには、どのようなことをしていけばよいのでしょうか。アヤたちに協力してくれているみんなに、これからのまっち・ぐー株式会社に期待することを聞いてみました。

中学生で起業するなんておどろいたけど、よくがんばっていると思うよ。この地域にもまだまだ魅力ある食材や特産品があるので、メニュー開発の可能性はおおいにあるよね

商店街のために立ち上がってくれてありがとう。将来的には、ドローンや自動で走る車などで宅配サービスができると、町も大きく変わっていくだろうね。若いきみたちに期待しているよ！

この町には若手の起業家や職人がたくさんいるの。ちがう業種の人たちとつながると、新しい発見やよい刺激がいっぱいもらえるわよ

いつもまわりの人のことを考えていて感心しているのよ。これからもはたらく人たちをしっかり守っていってほしいわ。子育てをしている人のはたらき方や、ひとりぐらしの高齢者などの支援…、いろいろ考えなければいけないことがあるわね

1年間いろいろと苦労も多かったと思うわ。まずはおつかれさまでした。自分たちで考えた新しい商品やサービスが地域にインパクトをあたえ、新しい価値をつくり出し、未来に希望がもてる、そうした会社でありつづけていることを願っています。応援していますよ！

このお店や会社でできそうなことはまだまだありそうだよね！

うん！　わたしたちでこの町をもっとにぎやかにしていきたいな！

もっと知りたい！
会社づくり
用語集

証券取引所

上場している株式や債券、投資信託（ＥＴＦ）などを売ったり買ったりするところ。日本には、東京、名古屋、札幌、福岡の４か所にある。

上場

会社が発行する株式を証券取引所で売買できるようにすること。上場した株式や投資信託は世界中に公開され、証券会社を通してだれもが売買できる。

株価

会社が発行する株式の、１株あたりの値段。その会社の株式を買いたい人が多いと値上がりし、売りたい人が多いと値下がりする。

債券

国や地方公共団体、企業などがまとまった資金を調達するために発行する。債券を買うと、多くの場合、利息を定期的にもらうことができ、３年、５年など決められた期間がすぎると、債券の額面金額が払いもどされる。決められた期間内で売ったり買ったりすることもできる。

株主総会

株式会社における最高意思決定機関。会社の株式を持っている人（株主）が集まって、会社に関する意思決定をおこなうため、話し合ったり決議をしたりする集まり。事業年度が終了したあと、一定期間内に開くことが義務づけられている（定時株主総会）。

法人税

会社が１年間で得た所得に対して課される税金。決算日の翌日から２か月以内に申告して税務署におさめなければならない。

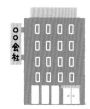

資金ぐり

会社の資金が足りなくならないように、お金の流れをコントロールしてやりくりすること。実際の収入と支出を基準にする。

損益表

一定期間（事業年度）の会社の売り上げ、固定費、変動費、利益、損失を把握するための一覧表。会社の経営状況を把握するために使う。「損益計算書」ともいう。

経費

会社の事業をおこなうためにかかった費用のこと。人件費、交通費、通信費、家賃、建物の修繕費などが経費にふくまれる。

さくいん

監修者

あんびるえつこ

文部科学省消費者教育アドバイザー。1967年、神奈川県横須賀市生まれ。新聞社で生活経済記事を担当しながら、日本FP協会認定ファイナンシャルプランナーの資格を取得。出産を機に退社後は、家庭経済の記事を新聞や雑誌に執筆。講演活動も精力的におこなう。全国の学校でおこなわれている授業「カレー作りゲーム」の考案者でもある。一男一女の母。「子供のお金教育を考える会」代表、ASK依存症予防教育アドバイザー。

福島美邦子（ふくしま・みなこ）

立教大学文学部心理学科（産業心理学・マーケティング専攻）卒業。マーケティングリサーチ会社にて商品開発・戦略立案、消費者調査等実務経験を積んだのち、フリーのプランナーを経て、2013年にリノベーション＆インテリアコーディネート・マーケティングコンサルをおこなう㈱プランニングオフィス Room375を起業。デザイン・現場監理、マーケティング業務のかたわら、まちづくりコミュニティ活動にも参加。

［スタッフ］
- ●装丁・デザイン　高橋里佳（有限会社ザップ）
- ●マンガ・イラスト　小川かりん　オカダケイコ
  　　　　　　　　　上田英津子
- ●校正　　　　　　株式会社みね工房
- ●編集制作　　　　株式会社 KANADEL

会社をつくろう―お金と経済のしくみがよくわかる本―③
さあ会社がスタート！

2024年3月31日　第1刷発行

監修者　　あんびるえつこ　福島美邦子
発行者　　小松崎敬子
発行所　　株式会社岩崎書店
　　　　　〒112-0005 東京都文京区水道1-9-2
　　　　　TEL 03-3812-9131（営業）　03-3813-5526（編集）
　　　　　振替 00170-5-96822
印刷所　　図書印刷株式会社
製本所　　大村製本株式会社

Published by IWASAKI Publishing Co.,Ltd
Printed in Japan NDC335 ISBN978-4-265-09172-0 48P 29×22cm
岩崎書店ホームページ　https://www.iwasakishoten.co.jp
ご意見、ご感想をお寄せください。info@iwasakishoten.co.jp
乱丁本、落丁本は小社負担にてお取り替え致します。

会社をつくろう

お金と経済のしくみがよくわかる本

全3巻

監修 あんびるえつこ・福島美邦子